Patchwork

Aus bunten Flicken etwas Neues zu schaffen, ist eine sehr persönliche Arbeit. Aufgrund des verfügbaren Materials wird jedes Stück einmalig sein. Je nach Phantasie und Farbzusammenstellung wird es – betont durch die eigene Note – etwas Besonderes sein.

Die zusammengesuchten Stoffreste aus der Flickenkiste oder alte Kleidung müssen zuerst nach Material sortiert werden, wenn man Gebrauchsgegenstände oder Kleidungsstücke, wie Weste, Schürze, Decke, Sets, Kissen usw. aus ihnen anfertigen möchte. Man sollte entweder nur neues, ungebrauchtes Material oder nur gewaschenes zusammennähen.

Nicht so wichtig ist dieses, wenn es sich um dekorative Dinge handelt, wie Wandbehänge, Läufer, Lampenschirme oder ähnliches. Hier kann und will man häufig sogar als Kontrast verschieden beschaffenes Material miteinander verarbeiten.

Mit der Nähmaschine näht man neben- und untereinander buntgewürfelt die einzelnen Stücke zu einem großen Teil zusammen. Anschließend werden die Nähte von links flachgebügelt.

Etwas handwerkliches Geschick mit Nadel und Faden und Zeit gehören zu dieser Arbeit.

Ist ein großes Stück geschaffen, wird – je nach dem was man arbeiten möchte – mit oder ohne Schnittmuster dieser Flickenstoff zugeschnitten und wie jedes andere Stück zusammengenäht.

Dieses Buch will nun zeigen, wie verschieden und vielseitig in unterschiedlichen Techniken die Flicken zusammengesetzt werden und was daraus entstehen kann.

ISBN 3-7724-0484-7 · Best.-Nr. 760

 2. Auflage

frech-verlag

GmbH + Co. Druck KG Stuttgart

Druck: Frech, Stuttgart

Einige grundsätzliche Regeln für Patchworkarbeiten

Die meisten hier gezeigten Arbeiten in Patchwork werden mit Baumwollstoff ausgeführt. Außer bei einigen Ausnahmen sollten die jeweiligen Arbeiten immer aus dem gleichen Grundmaterial zugeschnitten und genäht werden.

Beim Zuschneiden der rechteckigen, quadratischen oder sechseckigen Teile sollte man auf gleiche Fadenlage achten. Neue Stoffe brauchen nicht gewaschen werden, man kann sie so verarbeiten. Gewaschener oder getragener Stoff darf nicht mit neuem Stoff zusammen verarbeitet werden. Jeder Stoff muß vor dem Zuschneiden glatt und ohne Falten sein, deshalb auch die Bruchfalten ausbügeln.

Wichtig ist, daß man immer gleich groß zugeschnittene Stücke miteinander verarbeitet. Man kann sie über einer Schablone mit der Hand oder ohne Schablone mit der Nähmaschine aneinandernähen.

Ob mit der Hand oder Maschine genäht wird: Größere Arbeiten sollten erst in Blökken zusammen- und dann zu einem Ganzen aneinandergenäht werden. Hier sollte öfter das Zentimetermaß in Aktion treten, damit alle Seiten gleich lang bleiben.

Nach Beendigung der Näharbeit werden zuerst die Nähte von links auseinander und dann von rechts leicht über gebügelt. Außer bei geschlossenen Gegenständen, wie Kaffeewärmer, Kissen, Tiere oder ähnlichen Dingen, werden die Arbeiten von links abgefüttert. Zusätzlich kann man von rechts breit auseinander liegende Nähte als Bereicherung durchsteppen.

Bei einigen Stoffen sollte man die Schnittkanten mit der Zickzackschere schneiden, damit sie nicht zu sehr ausfransen. Samt läßt sich zwar verarbeiten, ist aber nicht so flexibel.

In diesem Buch werden einige Ideen gezeigt, die aus verschiedenen Stoffarten zusammengesetzt wurden und zusätzlich mit Spitze, Perlen und Borten bereichert wurden. Es handelt sich hierbei um dekorative Vorschläge, die, wenn sie wirklich einmal verschmutzt sind, in die Reinigung gegeben werden sollten.

Als Handwerkszeug braucht man eine gute Schneiderschere, eine kleinere Handarbeitsschere für kleine Einschnitte, Steck- und Nähnadeln, gutes Garn, einen Fingerhut und ein Zentimetermaß.

Für die Anfertigung der Schablone starke Pappe oder PVC, einen Bleistift und ein Lineal.

Fangen wir mit einem einfachen Vorschlag an:

Topflappen werden nicht nur im eigenen Haushalt gebraucht, sie können auch ein nettes Geschenk sein. Wenn man sie den Farben der Küche anpaßt, können sie eine sehr persönliche Überraschung sein.

Kleine und größere Stücke näht man von links mit einfacher Maschinennaht aneinander. Zwei gleich große Teile legt man rechts auf rechts und steckt sie fest. Dreiviertel des Randes werden zusammengenäht. In der Größe der Nahtlinie schneidet man ein Stück Fries zu und heftet es auf eine linke Seite. Dann wird die Arbeit gewendet und der Rest der Naht mit der Hand geschlossen, wobei man einen kleinen Aufhänger aus einem Stoffstreifen an einer Ecke mit einnäht.

Anschließend kann das Ganze mit der Maschine im Zickzackstich am Rand einmal abgesteppt oder in Quadrate mit Längs- und Quernähten aufgeteilt werden. Man kann die Form auch mit einem farbigen Stoffstreifen einfassen.

Ein langer Rock mit Volant

Quadratische oder rechteckige Stücke (ca. 15 bis 20 cm breit) setzt man zu einem ca. 80 cm langen Streifen aneinander.

Für einen nicht allzu weiten langen Rock werden ca. 9 bis 10 Streifen nebeneinander zusammengenäht. Der entstandene Flickenstoff wird einmal in der Breite zusammengelegt, darauf wird dann der Rockschnitt gesteckt und mit Nahtzugabe zugeschnitten.

Nachdem man einen Reißverschluß an einer Seite an beide Rockteile eingenäht hat, werden die Seitennähte von links geschlossen.

Oben setzt man einen Flickenstreifen als Bündchen und unten einen ca. 15 cm breiten, aus Stoffstücken zusammengenähten Streifen eingekraust als Volant an.

Ein Bolero

aus altem und neuem Stoff

Nach einem Schnittmuster in der gewünschten Größe werden aus Jeansflicken und neuem Stoff drei große Stücke zusammengenäht. Bitte neuen Stoff vorher waschen! Nun legt man die Schnittmuster auf die drei Flickenbahnen, steckt sie auf und schneidet mit Nahtzugabe zu.
Anschließend wird alles wie üblich zu einem Bolero zusammengenäht.

In gleicher Weise wird das Innenfutter aus Jeansstoff zugeschnitten. Man legt Oberstoff und Futter rechts auf rechts, heftet und näht bis auf die untere Naht des Boleros alles an den Kanten zusammen. Nach dem Wenden wird auch die untere Naht von rechts mit der Hand zugenäht.
Die Armlöcher sowie alle Kanten kurz hinter der Naht heften und mit der Maschine durchsteppen.
Ein interessantes Bolero, welches bestimmt kein anderer hat.

Lustige Tiere *aus bunten Resten*

1. *Huhn mit Wärmetaschen für Eier*

In ein 42 x 36 cm großes Karonetz (Linienabstand 2 cm) werden die einzelnen Schnittmusterteile eingezeichnet, durchgepaust und ausgeschnitten. Zuerst näht man verschiedene bunte Stoffstreifen (5 bis 8 cm breit) zu einem großen Stück (60 x 40 cm) mit der Maschine zusammen. Man legt es einmal zusammen, steckt die Körperschnitte (1) auf und schneidet mit Nahtzugabe zu. Aus dem Rest des Flickentuches wird das lange Brust-Bauch-Stück (2) dann einfach zugeschnitten. Für die Taschen werden zwei Streifen, 14 cm breit und 35 cm lang, je einmal in der Länge zusammengelegt. An die untere Kante des Körpers wird einer dieser Streifen mit seiner Schnittkante in Falten gelegt

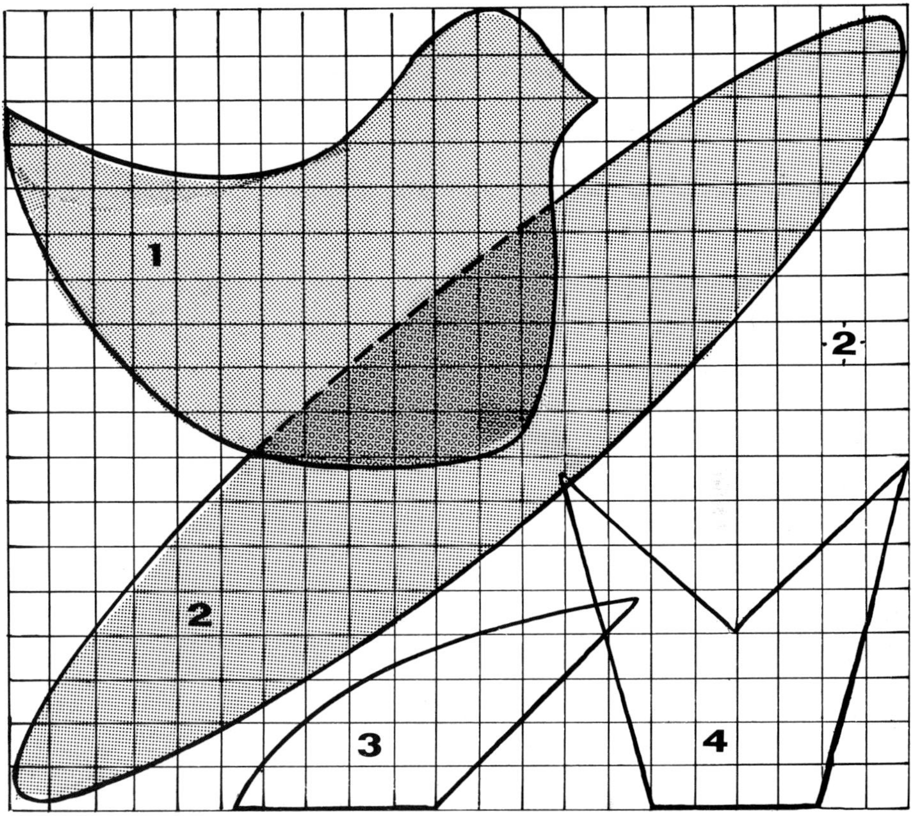

und aufgeheftet, dann steppt man von links einmal an der Unterkante entlang, und mit Quernähten teilt man das Stück in Taschen auf.

Ebenso wird das zweite Taschenteil an der anderen Körperseite angebracht. Nun legt man beide Körperteile rechts auf rechts, wobei die Taschen innen liegen müssen. Zuerst werden vom Schnabel über den Rücken bis zum Schwanz beide Teile aneinandergenäht, anschließend beim Schnabel beginnend heftet man beide unteren Öffnungen des Körpers an das lange Brust-Bauch-Stück an und näht zusammen. Eine kleine Öffnung von ca. 5 cm muß bleiben, damit man den Körper mit Füll-Fix füllen kann. Mit kleinen Stichen wird die Öffnung dann geschlossen. Das Huhn ist fertig.

2. *Der Hahn* wird genau nach dem Körperschnitt doppelt zugeschnitten, geheftet und mit dem Brust-Bauch-Stück zusammengenäht und gefüllt. Nach dem Schnittmuster (3) schneidet man 2 Flügel aus doppelt gelegtem Stoff zu. An je 2 Seiten werden sie von links genäht, gewendet, gefüllt und dann seitlich etwas oberhalb an den Körper genäht. Für Schwanz, Kamm und weitere Dekoration wird bunter Chenilledraht aufgenäht.

3. *Der Seehund* wird aus bunten, in der Länge nebeneinander zusammengesetzten Stoffresten gearbeitet. Nun wird, genau wie vorher beschrieben, zugeschnitten. Die beiden Körperteile (1) werden an das Bauchstück bis auf eine kleine Naht genäht. Anschließend wird der Körper gefüllt. Dann die Öffnung mit kleinen unsichtbaren Stichen mit der Hand schließen.
Nach dem Schnittmuster werden je zwei Teile aus doppeltgenommenem Stoff zugeschnitten, genäht und gefüllt. Sie werden nun etwas tiefer als Flossen am Rumpf angenäht. Zusätzlich wird nach Schnitt (4) der Schwanz aus doppeltem Stoff zugeschnitten, genäht, gefüllt und hinten an den Körper angenäht. Die Barthaare werden aus bunten Wollfäden angenäht.

Je nach vorhandenem Material können große Knöpfe, Pailletten oder farbige Glasperlen als Augen verwandt werden.

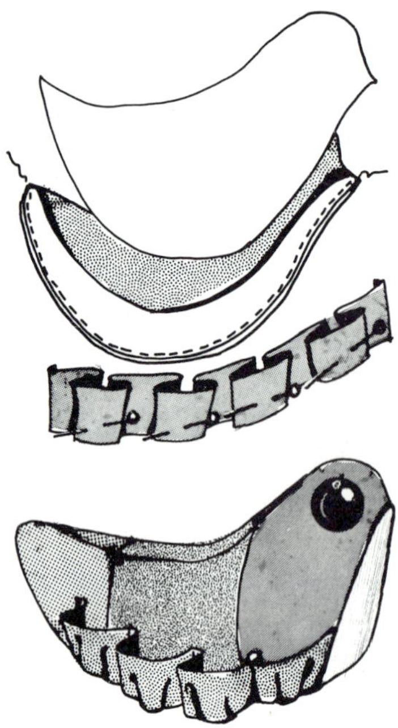

Eine Schlange

Bis zu 8 m lang, als Windschutz vor der Terrassentür, oder – dekorativ zusammengerollt – als Bodenkissen.
Aus vielen bunten Stoffresten, das Material kann unterschiedlich sein, werden kurze oder längere, ca. 50 cm breite Stücke mit der Nähmaschine aneinandergenäht. Zum Schwanzende verjüngt sich der Streifen. Für das Kopfteil wird der Stoff längs geteilt und ein breites rechteckiges Keilstück als Maul eingenäht.
Beim Zusammennähen des Streifens zu einem Schlauch läßt man jeweils nach 1 m die Naht ca. 10 cm offen, damit man den Schlauch füllen kann. In diese Öffnungen füllt man nach beiden Seiten Bastelfill. Anschließend werden die Öffnungen mit der Hand mit unsichtbaren Stichen zugenäht.
Farbige bunte Watteböllchen werden am Kopf als Augen aufgenäht.

Eine praktische Einkaufstasche

aus einem alten Jeansrock

Wenn er kleine Taschen hat, werden sie ebenso wie das Bündchen abgetrennt.
Nach dem Schnittmuster werden zwei Teile zugeschnitten. Dort wo der Stoff sehr dünn ist, wird mit bunten, willkürlich aufgesetzten Flicken abgedeckt.
Dann näht man die kleinen Taschen in passender Höhe auf. Die oberen Kanten der beiden Teile werden nach links umgelegt und gesteppt. Beide Teile rechts auf rechts legen und die drei Seiten zusammennähen.
Der Gurt des Rockes wird halbiert. Die beiden Teile werden dann als Tragegriffe angenäht.
Eine leichte Näharbeit und ein netter Gebrauchsgegenstand.

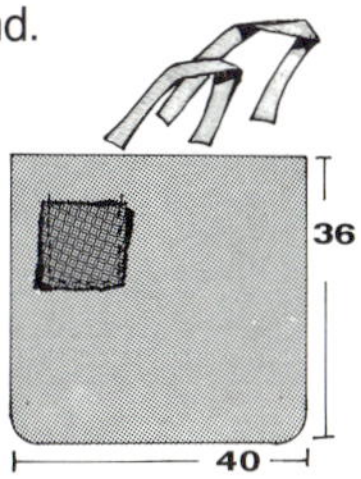

Großes Bodensitzkissen

Das Kissenmittelteil wird aus kleinen und großen Quadraten ornamental zusammengenäht. Für den Rand werden die Quadrate zu Dreiecken geschnitten. Je 2 Dreiecke werden dann so zusammengenäht, daß ein verschobenes Viereck entsteht. Diese Vierecke werden aus verschiedenen Mustern nebeneinander zu einem Streifen genäht. Man näht 4 Streifen. Je ein Streifen wird dann als Rand an eine Kissenseite angenäht.

Die Kissenrückseite kann aus 4 gleich großen Quadraten in verschiedenen Farben und Mustern zu einer Kissenplatte genäht werden.

Rechts auf rechts gelegt, werden 3 Seiten zusammengenäht. Die letzte Öffnung schließt man mit einem Reißverschluß.

Bunte Kissenbezüge

Man schneidet für eine normalgroße Kissenplatte 25 Quadrate mit einer Kantenlänge von 7 oder 9 cm zu. Zuerst näht man je 5 Quadrate zu Streifen aneinander, dann setzt man diese Streifen zusammen und schon ist eine Kissenplatte fertig. Im gleichen Arbeitsgang wird die Rückseite genäht. Man legt Vorder- und Rückseite rechts auf rechts aufeinander und näht drei Seiten zu. In die vierte Seite wird ein Reißverschluß eingenäht, damit man den Bezug zum Waschen problemlos abnehmen kann.

Eine Kissenplatte mit geschwungener Linienführung wird nach einer Schablone gearbeitet. Diese wird auf Pappe übertragen und genau in den Konturen ausgeschnitten. Der Stoff wird mit Nahtzugabe danach zugeschnitten. Siehe Seite 40.

Eine interessante Kissenplatte

Sie wird aus verschieden großen rechteckigen Flicken zusammengenäht.
Die Stücke werden mit breiter Nahtzugabe links auf links gelegt und mit Zickzackstich nacheinander aneinandergenäht. Die Nähte liegen hier sichtbar auf der rechten Seite. Aus den überstehenden Stoffrändern werden die Querfäden bis kurz vor der Naht ausgezogen. Nun liegen hier dünne Fäden zweifach nebeneinander, die wie Fransen hochstehen. Diese Platte näht man nun an eine farblich passende Kissenrückseite an.

Einbett-Tagesdecke

Viele einfarbige und gemusterte Stoffteile werden nacheinander mit der Maschine zu 2,20 m langen Streifen zusammengenäht. Auf ein 2,30 m langes und 1,50 m breites Molton- oder Friesstück näht man dann nacheinander die Streifen auf.

Und so beginnt man:
Ein breiterer Streifen wird längs auf die Mitte der Unterlage gesteckt. Der nächste Streifen wird dann, nachdem man die Kante 2 cm nach hinten umgelegt hat, ca. 1 bis 2 cm überlappend auf den Mittelstreifen gesteckt und geheftet. Dann auf der Kante mit Zickzackstichen aufgesteppt. So setzt man nacheinander Streifen an Streifen bis zum Seitenrand. In gleicher Weise wieder vom Mittelstreifen ausgehend nach der anderen Seite die Streifen bis zum Rand aufsteppen. Zum Schluß wird mit einem langen, aus Resten zusammengenähten schmalen Streifen der Rand eingefaßt.
Durch die verschiedenen Farben der Flikken und die unterschiedlich breiten Streifen entsteht eine bunte Flickendecke, die es sicher nur einmal gibt.

Spielteppich fürs Kind

Er wird aus vielen bunten, 20 x 20 cm großen quadratischen Stoffteilen gearbeitet. Hier sollte man dickes Material, wie Mantel- oder Wollstoff, Flanell oder Fries verwenden. Die Quadrate werden mit Perlgarn oder Seidentwist schlicht umhäkelt.
Je nachdem wie groß der Teppich werden soll, werden entsprechend viele Quadrate umhäkelt. Hier wurden 24 Stücke zu einem schönen kleinen Spielteppich verarbeitet. Zuerst häkelt man nacheinander 6 Quadrate zu einem Streifen aneinander. Hat man 4 Streifen aus 6 Quadraten zusammengebracht, werden sie nebeneinander zu einem Stück zusammengehäkelt.
Um dem Ganzen einen guten Randabschluß zu geben, häkelt man 4 bis 6 Reihen ringsherum mit einfachen festen Maschen.

Farbige Decke aus Duchesse

Aus einzelnen, verschiedenfarbigen 9x9 cm großen Quadraten wird sie gearbeitet. Die Quadrate werden zu einem großen Stück zusammengenäht. Zuerst näht man 12 Quadrate zu einem Streifen aneinander. Danach mißt jedes Quadrat 7x7 cm, 1 cm rundherum bleibt auf der linken Seite überstehen. In diesem Arbeitsgang werden 16 Streifen angefertigt. Anschließend werden dann diese Streifen nebeneinander zu einem Stück aneinandergenäht. Von links werden alle Nähte flach gebügelt. Für den Untergrund dieser Arbeit schneidet man aus Samt ein Stück von 1x1,20 m zu. Man legt und heftet die Patchworkarbeit auf die linke Seite des Samtes genau auf die Mitte auf, so daß an allen Seiten ein gleich breiter Rand übersteht. Dann hält man an jedem

Treffpunkt von vier Quadraten mit Nadel, Perlgarn und einer größeren Holz- oder Glasperle den Ober- und Unterstoff mit einem Stich zusammen. Mit einem großen Stich geht die Nadel auf der Rückseite bis zum nächsten Treffpunkt von 4 Quadraten. So näht man eine Reihe entlang. Nacheinander in den Reihen werden Oberstoff und Unterlage so miteinander verbunden.

Dann werden die überstehenden Samtränder nach vorne etwas eingeschlagen, umgelegt und angeheftet. Mit der Maschine steppt man sie zum Schluß auf.

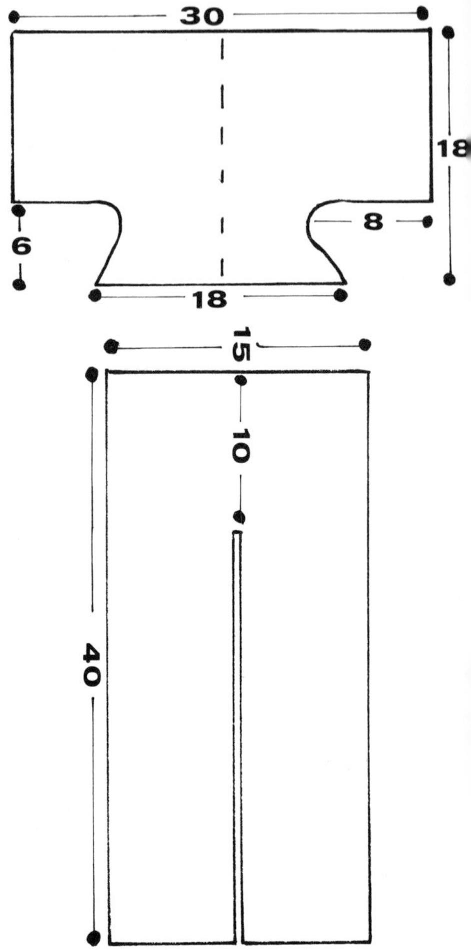

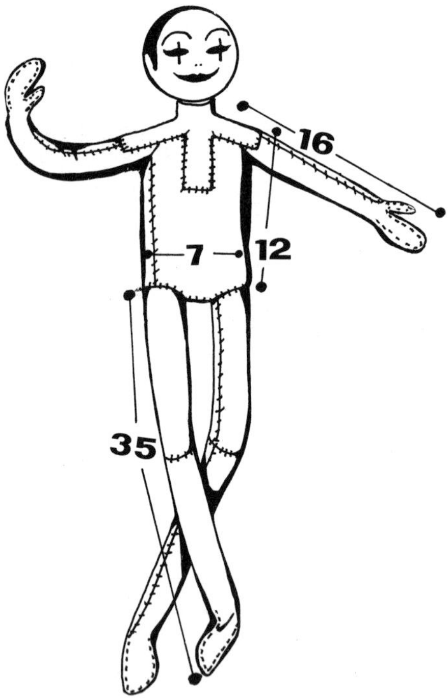

Ein Harlekin

Um eine solche Figur zu schaffen, muß zuerst der Körper gearbeitet werden.

Aus hautfarbenem Flanell werden, wie die Abb. zeigt, die einzelnen Glieder zu einer Figur zusammengenäht. Man schneidet nach der abgebildeten Zeichnung einige rechteckige Stücke zu, rollt sie zu dünnen Schläuchen zusammen und näht die Stoffkante an. An das vorgefertigte Körperteil werden dann, wie die Zeichnung zeigt, die

Arme und Beine sowie der Hals angenäht. Auf dem Halsteil wird ein Styropor- oder Watteball in entsprechender Größe befestigt. Hier geht man mit Nadel und Faden vom Hals aus durch den Ball von unten nach oben und wieder zurück und befestigt den Faden dort gut. Der Körper ist fertig.

Nun wird der Anzug aus vielen bunten Flicken nach dem Schnittmuster genäht. Zuerst werden bunte Stoffreste zu einem großen Stück zusammengenäht, dann legt man das Schnittmuster auf und schneidet mit Nahtzugabe die Hosen- und Jackenteile zu. Anschließend werden alle Teile zusammengenäht. Die Jacke wird angezogen und mit einer Rückennaht geschlossen. Sie bekommt als Halsabschluß eine eingekrauste Spitzenrüsche. Auch die Hose wird angezogen und am Körper angenäht.

Ein Hut wird aus Samt genäht und mit Perlen verziert.

Wenn mit Deckfarbe das Gesicht aufgemalt wird, ist dem Harlekin seine persönliche Note gegeben.

Ein weiterer Vorschlag

Wie man bunte Flicken mit Spitzenborte verarbeiten kann, zeigen folgende Beispiele. Es können kleine, große, rechteckige oder runde Deckchen, Schürzen oder ein Lampenschirm in dieser Art angefertigt werden.

Für die rechteckige Decke werden zwölf (12 x 12 cm große) Quadrate aus bunten, verschieden gemusterten Stoffen zugeschnitten.

Aus einer 4 m langen und 2 cm breiten Spitzenborte schneidet man 2 Streifen von 50 cm und drei Streifen von 35 cm Länge zu. Sie werden in passendem Abstand quer und längs übereinander mit Stecknadeln gehalten. Dann legt man die Stoffquadrate in die Zwischenräume, steckt, heftet und näht die Borte 1/2 cm auf die Stoffränder.

Anschließend wird das ganze Stück leicht überbügelt. Nun näht man mit der Maschine im Zickzackstich nach.

Als Randabschluß wird ringsherum die Borte angenäht.

Runde Batistdecke mit Spitze

Sie wird aus verschiedenfarbigem Batist, Spitze und Borte gearbeitet. Für die Form wird aus Seidenpapier ein Kreis von 55 cm Durchmesser aufgezeichnet und ausgeschnitten. Auf ihn legt man genau in die Mitte ein 8 x 8 cm großes Quadrat aus Batist und heftet es an.

Aus der Spitzenborte schneidet man 8 Streifen von 23 cm zu. Sie werden im Rund auf das Seidenpapier mit gleichem Randabstand verteilt, ca. 1 cm auf das Mittelstück aufgelegt, festgesteckt und angeheftet.

Aus verschiedenfarbigem Batist werden die einzelnen Keile zwischen der Borte zugeschnitten, dann 1 cm unter die Borte geschoben und angeheftet.

Mit einfacher Maschinennaht werden von rechts Borte und Batist auf dem Seidenpapier an den Überlappungen festgenäht. Nun nimmt man das Seidenpapier von Stoff und Spitze und bügelt die Arbeit.

Zum Schluß wird alles noch einmal mit Zickzackstich von rechts benäht.

Als Randabschluß setzt man eine ca. 2,5 cm breite Spitze etwas eingehalten an.

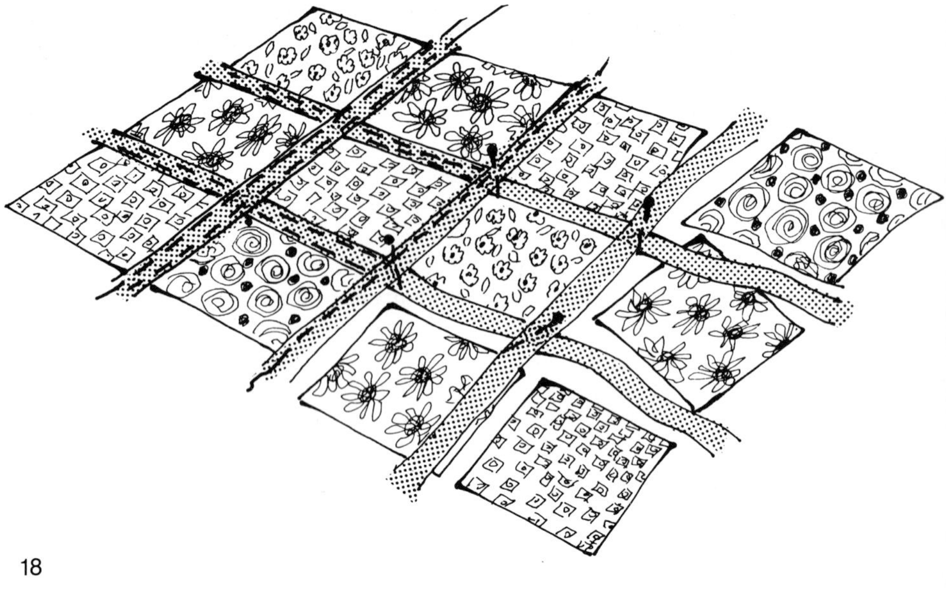

Kissenplatte mit Spitzenborte

Sie wird aus zugeschnittenen Sechsecken (genaue Beschreibung Seite 27) und ca. 3 m Spitze zusammengenäht. Die zugeschnittenen Sechsecke werden ringsherum 1 cm umgelegt und geheftet. Man beginnt mit der Mitte. Um ein Sechseck näht man die Spitze ringsherum mit der Hand so an, daß sie hochsteht. Nun legt man ein weiteres Sechseck an eine Kante des Mittelstücks an und näht es so an, daß die Spitze rechts zwischen den beiden Teilen steht. Dann wird die Spitze im Fortlauf um dieses Sechseck daneben so angenäht, daß es an das Mittelstück und gleichzeitig an das danebenliegende Sechseck genäht werden kann. Wieder ein Sechseck anlegen und im Fortlauf die Spitze zwischen den einzelnen Teilen miteinnähen.
So wird im Rundgang weitergearbeitet, bis eine runde Kissenplatte entstanden ist.

Ein kleiner Sessel

mit neuem Kleid aus Dekostoff

In vielen Dekorationsgeschäften werden alte und verjährte Musterbücher gern an Kunden abgegeben. Wenn der Bedarf danach besteht, sollte man dort einmal anfragen. In einem solchen Musterbuch sind gleich große Stoffmuster in verschiedenen Farben eingeordnet, die aufeinander abgestimmt sind.

Es werden zwei Stücke in der Größe des alten Bezugsstoffes für Rücken und Sitz gearbeitet. Dann legt man die Teile auf den alten Bezug auf, steckt und heftet den Stoff stramm direkt an der Kante des Polsters an. Der Stoff wird am Rand nach innen eingeschlagen.

Um bequem nähen zu können, stellt oder legt man den Sessel auf den Tisch. Man kommt schnell dahinter, wie man nähen muß. Bei großen Rundungen wird mit einer Rundnadel gearbeitet. Sind Sitz und Lehne neu bezogen, kann mit einer Dekoborte die Randnaht zusätzlich benäht und abgedeckt werden.

Hier wird die Verarbeitung verschieden großer quadratisch zugeschnittener Stoffstücke gezeigt, und was man aus ihnen in ornamentaler und farblicher Kombination alles machen kann.

Werden zugeschnittene Quadrate dann noch zu Dreiecken zerschnitten und zu anderen Motiven zusammengenäht, hat man eine weitere Variante.

Wie und was aus diesen genähten Flicken an Gebrauchsgegenständen, modischen und dekorativen Dingen geschaffen werden kann, zeigen die nächsten 6 Vorschläge.

Kleine Fußbank für müde Füße

Das Gestell ist der Deckel einer Waschmitteltonne, auf dem ein größeres, prall gefülltes rundes Kissen als Polster befestigt wird. Die Füße werden aus verschieden großen Rundholzabschnitten zusammengeklebt und zum Schluß anmontiert.

Am Rand des Polsterkissens wird ein breites Nahtband ringsherum angenäht. Man legt das Kissen in den Deckel (Rand nach oben) und klebt das Nahtband dann außen am Rand fest. Zusätzlich kann man mit kleinen kurzen Blaukappen oder Heftzwecken das Band dort festhalten.

Der Bezug für diese Fußbank wird aus 10 x 10 cm großen Quadraten und Dreiecken zugeschnitten, die wieder zu neuen Ornamenten in entsprechender Größe zusammengesetzt werden. Er wird stramm gespannt, am Nahtband festgesteckt und angenäht. Als Abschluß wird eine Baumwoll - Fransenborte ringsherum angenäht.

Zum Schluß werden dann die Füße an den Deckel geklebt.

Eine bunte Schürze

aus Großmutters Schatztruhe

Mit einer handgearbeiteten oder gekauften Spitze kann man aus bunten zusammengesetzten Stoffstücken eine Trägerschürze arbeiten. Das Schnittmuster wird nach einer alten passenden Schürze auf Papier aufgezeichnet und ausgeschnitten.
Bunte, verschieden große Stoffstücke aus gleichem Material (Baumwollstoff) werden zugeschnitten. Sie werden mit Kappnaht aneinandergenäht.
Dann wird das Schnittmuster auf das Stück gelegt und Latz sowie Schürzenteil zugeschnitten. An der schmalen Kante setzt man den Latz an. Ringsherum werden die Borten und Spitzen angenäht, wobei man gleich den Halsträger in passender Weite berücksichtigt. Aus Stoff werden lange Taillenbänder genäht und seitlich an der Schürze angebracht.

Die flache Kappnaht

Der Stoff wird von rechts so aufeinandergelegt, daß das untere Teil 1 cm vorsteht. Zwei mit den rechten Seiten aufeinanderliegende Stoffränder steppt man in etwa 1 cm Breite ab und verschneidet dann den linken Rand ganz schmal, so daß der rechte, breite übersteht. Man kann auch beim Heften der Stoffteile den Überschlag gleich berücksichtigen, so daß sich das Verschneiden erübrigt. Dieser überstehende Rand ist um- und einzuschlagen und dann knappkantig niederzusteppen.

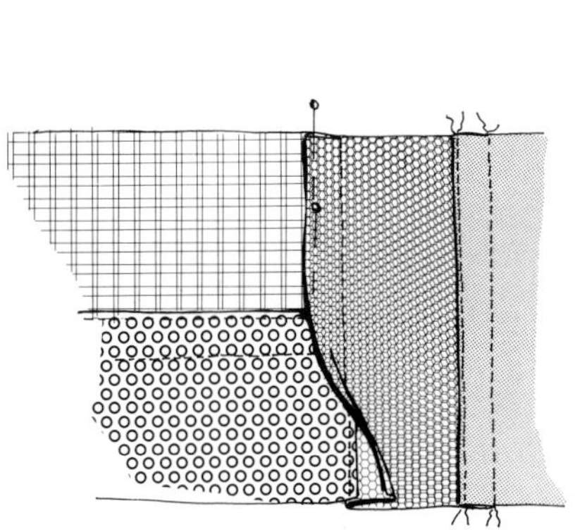

Taillenschürze

für die längere Rockmode

Auch hier werden einzelne Stoffreste, Spitze und bunte Küchenborte verarbeitet. Je nach vorhandenem Material wird aus den Resten ein Stück – ca. 50 cm breit und 60 bis 70 cm lang – zusammengenäht. Die Küchenborte wird nebeneinander zu einem 1 m langen Band genäht. Der Stoff wird, von der Mitte aus etwas eingehalten, an dieses Band angenäht, so daß man die Enden als Taillenband verwenden kann. Als Abschluß wird alte Spitze ringsherum um das Schürzenteil genäht.

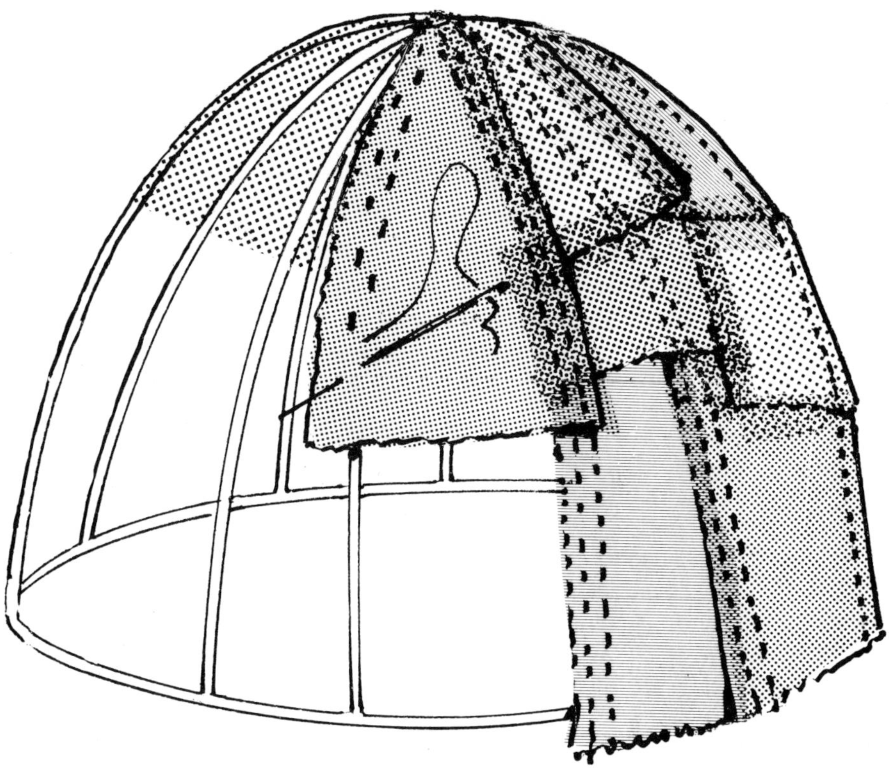

Lampenschirm in zarten Farben

Er wird aus Batist in mehreren Pastellfarben auf ein Lampenschirmgestell genäht.
Es werden verschieden große Stücke rechteckig, oval oder rund aus weißem, hellblauem, rosa- und lilafarbenem Batist zugeschnitten und auf das Gestell aufgenäht. Jede Speiche, der obere kleine sowie der untere große Ring werden zuerst mit dünnem Leinenband umwickelt. An diesem Band können dann die Stoffstücke angenäht werden.
Man legt die Stücke so über- und nebeneinander, daß sie sich mindestens um 2 cm überlappen. Außerdem ist es ratsam, wenn die Überlappungen auf den Speichen liegen, damit man sie auch hier mit kleinen Stichen annähen kann. Nacheinander legt man, willkürlich nach Farben und Ornamenten angeordnet, die Stücke auf und näht sie an den Speichen an. Ist das ganze Gestell bezogen, wird unten am Ring eine schmale Spitze, etwas eingehalten, als Abschluß angenäht. Zur weiteren Verzierung näht man bunte Glasperlen in Abständen längs an den Speichen auf.
Die fertige Lampe hat ihren besonderen Reiz in den verschiedenen übereinanderliegenden Stoffstücken, durch die zusätzlich weitere Farbmischungen entstehen und im Schein der Birne eine zartfarbige Beleuchtung schaffen.

Eine klassische Patchworkform: das Sechseck

Mit dieser Form lassen sich unzählige kleine und größere Flächen ornamental zu Mustern aneinandernähen.
Die Größe der Sechsecke richtet sich nach der Arbeit, die mit ihnen geschaffen werden soll. Grundsätzlich werden bei diesen Patchworkarbeiten immer zwei Schnittmuster verwandt. Nach dem gezeichneten Beispiel rechts wählt man für die gewünschte Arbeit zwei Sechsecke aus, die sich im Durchmesser um 2 cm unterscheiden müssen. Man zeichnet sie auf Papier und schneidet sie aus. Beide Schnittmuster werden dann auf Pappe oder PVC übertragen und ausgeschnitten. Nun hat man die Schablonen für den Stoff und die Einlage.
Die größere Schablone wird auf die linke Seite des ausgewählten Stoffes gelegt, die Kontur mit Bleistift nachgezogen. Entsprechend viele Teile werden nebeneinander aufgezeichnet und dann ausgeschnitten.
Die kleinere Schablone wird entweder aus Filz, Fries, Flanell oder dünner Pappe aufgelegt, wieder mit Bleistift die Konturen nachgezogen und anschließend ausgeschnitten.
Jetzt sind Stoff und Einlage zugeschnitten, nun geht es an das Nähen.

Und so wird genäht:

Auf die Mitte der linken Seite jedes Stoffstücks wird die Einlage gesteckt. Der Stoffrand wird um die Einlage gelegt, die Ecken entweder vorsichtig eingeschnitten oder im Winkel eingeschlagen, festgesteckt und dann ringsherum mit großen Stichen angeheftet.

Man sollte sich vor dem Zusammennähen der einzelnen Stücke genau über das Muster klar sein. Entweder arbeitet man nach den Vorschlägen auf den folgenden Seiten oder nach einer selbst entworfenen Skizze. In gleicher Arbeitsweise können auch Quadrate, Dreiecke oder andere Formen geschnitten und zusammengebracht werden. Wieder werden erst die Schablonen, danach der Stoff und die Einlage zugeschnitten, geheftet und genäht.
Sind entsprechend viele Sechsecke oder andere Formen geheftet, legt man zwei Teile genau an einer Kante rechts auf rechts aufeinander und steckt sie fest. Mit passendem Garn werden mit kleinen Stichen im Abstand von ca. 1 bis 2 mm die beiden Teile von links auseinandergenäht.

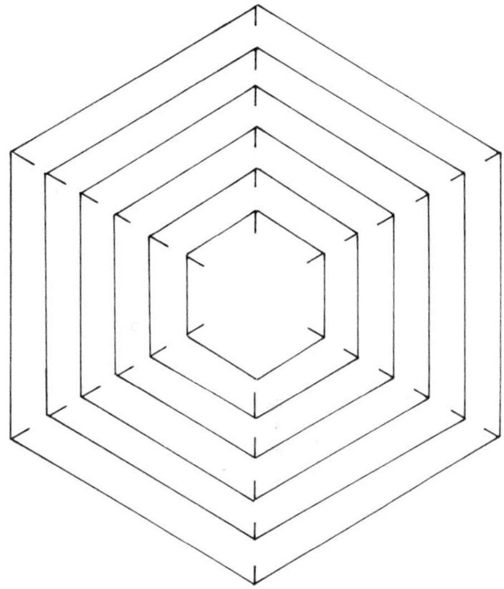

Was und wie verschieden mit diesen Grundformen gearbeitet werden kann, zeigen die nächsten Seiten.

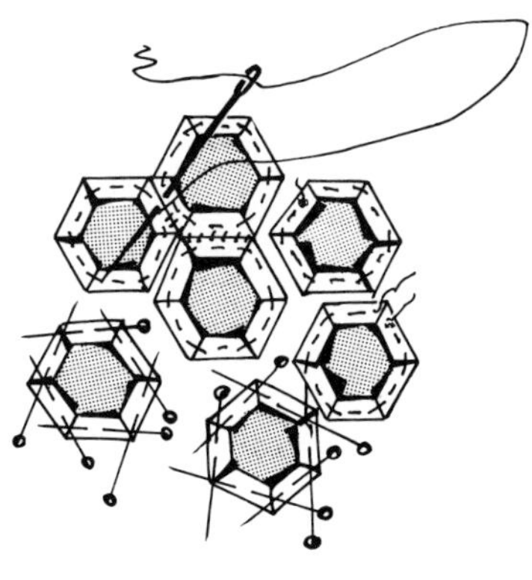

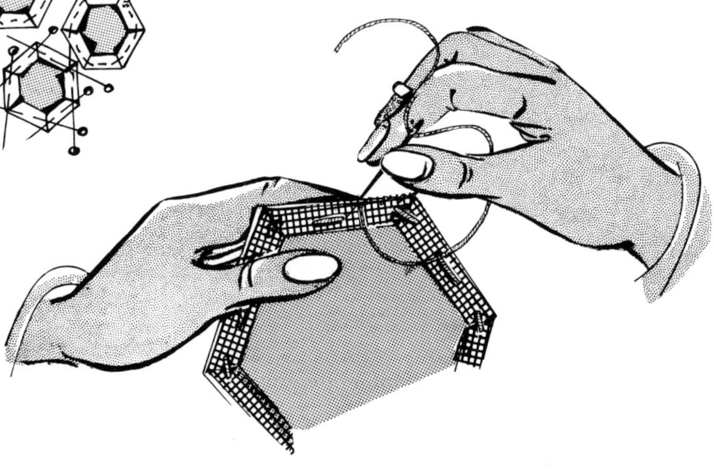

Kleine Untersetzer aus Patchwork

Nach der Zeichnung auf S. 27 werden die 6 und 8 cm großen Sechsecke auf Pappe oder PVC übertragen und ausgeschnitten. Nach diesen beiden Schablonen werden 7 Stoffteile und 7 Filzeinlagen zugeschnitten. Als Oberstoff dient Leinen, Baumwolle oder Dekorationsstoff.

Zuerst die Einlage auf die linke Seite des Stoffes stecken und anheften. Man näht um das Mittelstück nacheinander die einzelnen 6 Teile an und bügelt leicht über.

Für die Rückseite (aus dem gleichen Material) wird mit Nahtzugabe ein Stück zugeschnitten. Es wird mit eingeschlagenem Rand angeheftet, anschließend mit kleinen Stichen am Rand angenäht. Dann die Heftfäden herausnehmen. Zusätzlich können

Deckplatte und Rückseite in jedem Sechseck $^1/_2$ cm hinter den Nähten mit einfachen, sichtbaren Stichen zusammengehalten werden.
Natürlich können in gleicher Arbeitsweise auch größere Decken oder Tischschoner aus z. B. 19 Sechsecken oder mehr gearbeitet werden.

Ein Kissenmittelstück

Es wird in der gleichen Weise wie die eben beschriebenen Untersetzer aus sieben Sechsecken gearbeitet.
Hier wurde als Material Duchesse verwandt. Man arbeitet zwei gleich große Platten und näht sie in die Mitte von beiden Seiten eines Samtkissens mit kleinen Stichen mit der Hand auf oder steppt sie auf.

Ein Jeans-Bolero

mit aufgesetzten Sechsecken

Hat man vielleicht ein Jeans-Bolero oder es sich aus Resten gerade gearbeitet, kann man es mit bunten Sechsecken benähen; so hat man ein ganz persönliches Kleidungsstück.

Zuerst werden aus alten Reststücken oder gekauftem bunten Jeansstoff (der natürlich vor der Verarbeitung gewaschen werden muß) nach der Schablone sechzehn 8 cm große Sechsecke zugeschnitten. Man heftet sie auf die Einlage-Filzstücke von 6 cm Durchmsser.

Gleichmäßig verteilt steckt man sie auf beide Vorderseiten des Boleros und näht sie dort mit kleinen unsichtbaren Stichen auf.

Zum Schluß müssen nur die Heftfäden gezogen und alles leicht gebügelt werden.

Eine Kissenplatte mit Spitzenborte

Das Material ist Baumwollstoff in 2 Farben mit Punktmuster.

Wie üblich, werden mit den 6 und 8 cm großen Schablonen der Stoff und die Einlage aus Filz zugeschnitten, gesteckt und geheftet.

Mit der ausgewählten Spitze wird ein Sechseck ringsherum eingefaßt. 6 Teile werden nun mit Spitze an nur fünf Seiten benäht. Man setzt sie mit der Seite, an der keine Spitze ist, an das Mittelstück an und achtet darauf, daß die Spitze immer nur auf der rechten Seite liegt. Anschließend werden weitere 12 Teile – ohne Spitze – ringsherum an dieses Mittelstück angenäht. Mit Spitze wird dann die Arbeit am Rand eingefaßt.

In passender Größe wird (mit Nahtzugabe) eine Rückseite zugeschnitten. Sie wird bis auf eine kleine Öffnung für das Einschieben des Kissens von links zugenäht. Zum Schluß näht man mit der Hand diese kleine Öffnung zu.

Kleine und große Nadelkissen

Diese drei Nadelkissen werden mit den zwei Schablonen von 12 und 10 cm Durchmesser gearbeitet.
Für das kleinste Nadelkissen werden 3 Sechsecke verwandt. Nach den Schablonen schneidet man den Oberstoff aus verschiedenfarbigem Dekostoff und die Einlage aus dünner Pappe zu, heftet den Stoff um die Pappe und näht bis auf die letzte Naht zu einem Kissen zusammen. Dann werden die Heftfäden und die Pappe herausgenommen. Mit Füll-Fix wird fest ausgestopft und dann von rechts die letzte Naht mit kleinen unsichtbaren Stichen zugenäht. Als Bereicherung wurden hier kleine bunte Glasperlen neben den Nähten aufgenäht.
Das zweite Kissen wird aus 6 Sechsecken zu einem Kissen aus buntem Baumwollstoff genäht. Man näht, damit es eine Kissenform wird, zuerst drei Stücke an drei Seiten zu einer Form und dann an den nächsten Seiten wieder diese Stücke an ihren Seiten zusammen bis auf die letzte Naht. Wieder prall füllen und die letzte Naht mit kleinen Stichen zunähen.

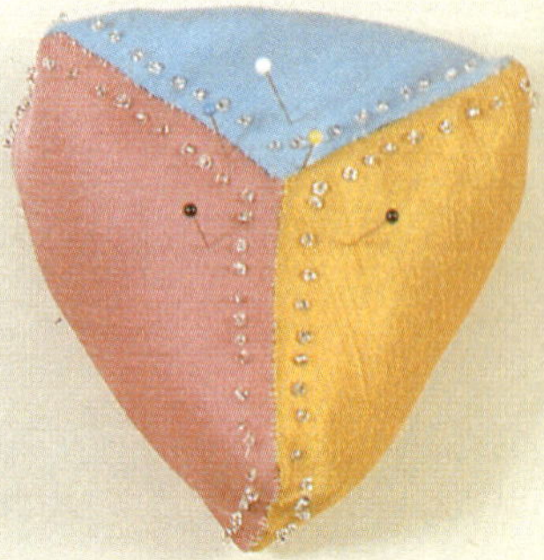

Das dritte Nadelkissen wird aus 8 Sechsecken genäht. Zuerst werden 7 Sechsecke zu einem Rundmotiv genäht, anschließend werden die Stücke an ihren nächsten freien Seiten nach hinten umgelegt und aneinandergenäht. In diese verjüngende Form näht man an fünf Seiten das letzte Sechseck an. Wieder prall ausstopfen und die letzte Naht schließen.

Neue Bezüge

Für Kaffee- oder Teewärmer, Kissen. Auch Kleideinsätze oder Auflagen lassen sich in ähnlicher Arbeitsweise aus den Sechsecken arbeiten.
Man schneidet nach einer 12 cm großen Schablone den Oberstoff und nach einer 10 cm großen die Einlage aus dünner Pappe zu.

Wenn vorhanden, wird nach dem alten Bezug der neue zugeschnitten. Entsprechend viele Teile werden dann geheftet und zu einem Bezug zusammengenäht.
Vor dem Überziehen werden die Heftfäden und die Pappeinlagen entfernt und der Stoff von links gebügelt.

Kleine Umhängetaschen

Sie werden mit der größten Sechseckschablone aus zwei Teilen gearbeitet. Jedes Teil wird von links abgefüttert.
Die Öffnung bildet entweder eine Seite oder zwei zusammenlaufende Seiten.
An einer bunten Kordel oder einer gefädelten Perlenschnur wird das Täschchen getragen.

Doppelbettdecke

Dies ist eine größere Arbeit, die mit Geduld, Liebe und Ausdauer gemacht werden sollte. Für sie werden nach dem Schnittmuster die Schablonen von 11 und 9 cm Durchmesser zugeschnitten, nach denen man den Stoff und die Frieseinlage zuschneidet.

Für diese große Arbeit sollte man eine genaue, maßstabgerechte Skizze anlegen mit den Farbmustern der ausgewählten Stoffe. Zuerst schneidet man die entsprechend vielen Sechsecke aus Stoff und Einlage zu, steckt und heftet sie. Nun werden 7 Stücke zu einem Rundmotiv zusammengenäht. Acht fertige Motive werden dann zu einem Streifen aneinandergenäht. So fertigt man 8 Streifen aus 8 Rundmotiven an. Beim Zusammennähen dieser Streifen werden aus einfarbigem passenden Stoff je 2 ein-

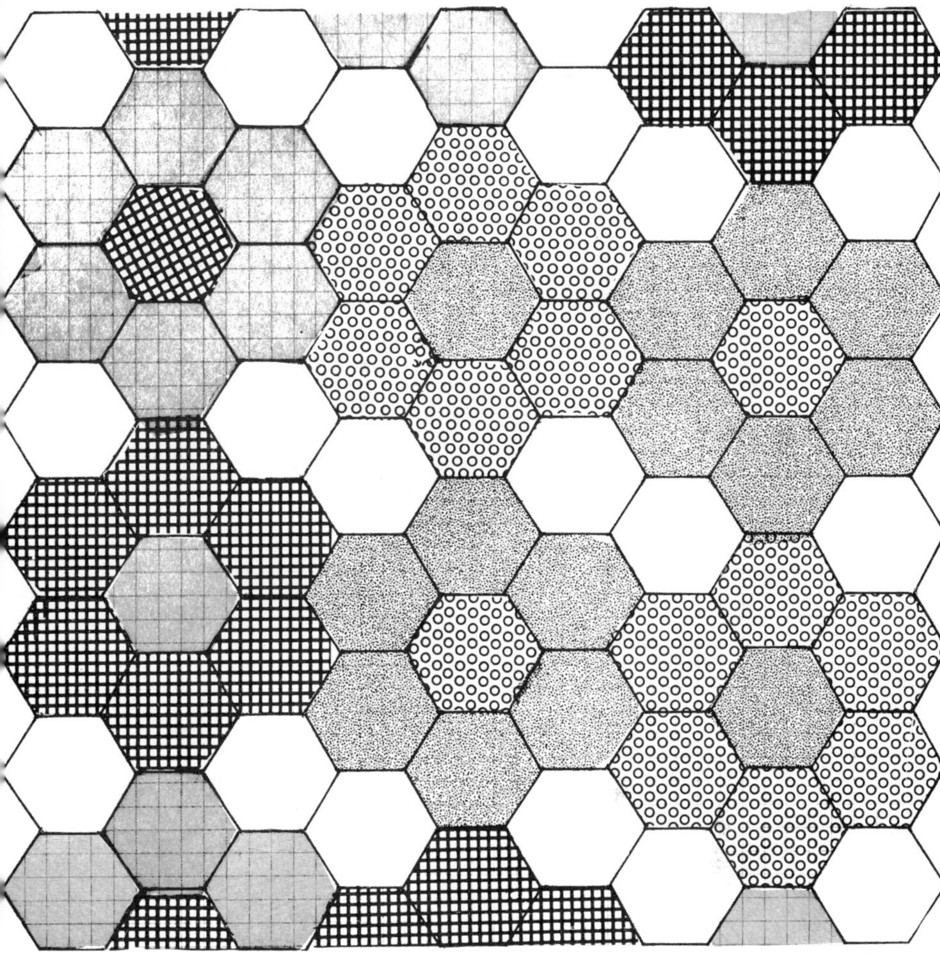

zelne Sechsecke so dazwischen gesetzt, daß die Motive genau nebeneinander zu liegen kommen. Man achte darauf – und mißt beim Nähen immer wieder nach –, daß das fertige Stück auch in Breite und Länge stimmt. Zum Schluß wird alles gebügelt. Auf einen zugeschnittenen einfarbigen Untergrund aus Samt, Chenille oder ähnlichem Material, der in der Größe über beide Betten und an drei Seiten bis zum Boden reichen sollte, legt man die Patchworkarbeit an einer Seite kurz hinter der Kante so auf, daß die anderen drei Seiten einen breiten Stoffrand stehen haben. Man steckt, heftet und näht mit der Hand oder der Maschine ringsherum die Arbeit auf den Untergrund. Zusätzlich hält man quer und längs in Abständen mit einigen Stichen die Arbeit auf dem Untergrund fest. Zum Schluß werden die Heftfäden vorsichtig entfernt.

Samtrock mit Patchworkbordüre

Das Material der Bordüre ist hier bunter Baumwollstoff.

Man schneidet nach den Schablonen in 8 und 6 cm Größe den Stoff und die dünne Flanelleinlage zu. Nach 7,5 und 5,5 cm großen quadratischen Schablonen werden der Stoff und die Einlage für die Quadrate zugeschnitten.

Entsprechend viele Teile werden aus Oberstoff und Einlage geheftet; sie werden ringsherum am Rand mit großen Stichen geheftet und von links leicht gebügelt. Nebeneinander werden sie dann zu einem Muster 1 cm von dem Rocksaum ringsherum aufgesteckt und mit kleinen Stichen angenäht. Dann entfernt man die Heftfäden.

Als zusätzliche Bereicherung näht man flache bunte Kristallstickperlen an den Ecken der Sechsecke an.

Ein Ball aus Stoff

Auch dies ist eine Patchworkarbeit. Stoffbälle können keinen Schaden anrichten, sind weich und lassen sich schnell anfertigen.
Hier werden Fünfecke als Grundschnitt verwandt. Die gewünschte Größe paust man nach dem auf S. 38 abgebildeten Muster auf Papier durch, überträgt sie auf feste Pappe oder PVC und schneidet sie aus. Nach dieser Schablone werden dann aus buntem, festem Stoff 12 Teile zugeschnitten. Die kleinere Einlage wird aus dünner Pappe angefertigt.
Der Stoff wird um die Pappe geheftet. Dann näht man zuerst im Rundmotiv um ein Mittelstück 5 Teile mit je 3 Seiten aneinander. In gleichem Arbeitsgang wird so das zweite Teil wieder aus 6 Teilen genäht. Dann legt man beide Teile mit den offenen Seiten so aneinander, daß die Fünfecke sich ineinan-

der verklinken, näht bis auf eine Naht alles aneinander und stopft mit Füll-Fix fest aus. Die Heftfäden und die Pappe werden entfernt und nun die letzte Naht von rechts zugenäht.

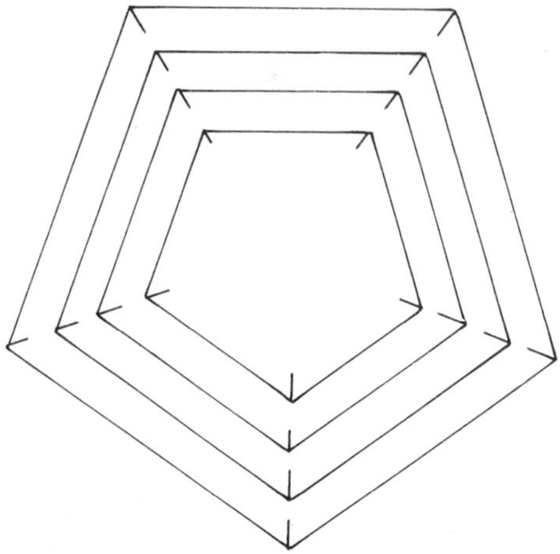

Noch ein Vorschlag

Man teilt ein Sechseck in fünf einzelne Teile (Abb. unten).

Jedes Schnittmusterteil wird in einer Farbe aus Stoff zugeschnitten. Die einzelnen Teile werden dann wieder zu einem Sechseck zusammengenäht, die dann aneinandergenäht werden.

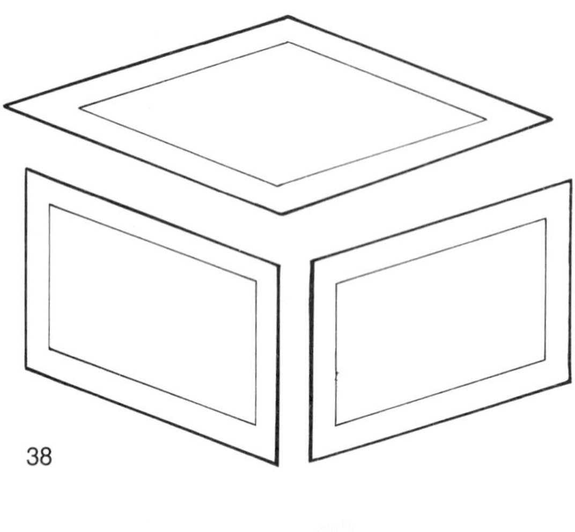

Mit diesem Vorschlag haben wir eines der typischen Patchworkmuster, die sich zu Kissenplatten oder kleinen und großen Decken besonders eignen. Das plastische Muster wirkt hier besonders gut.

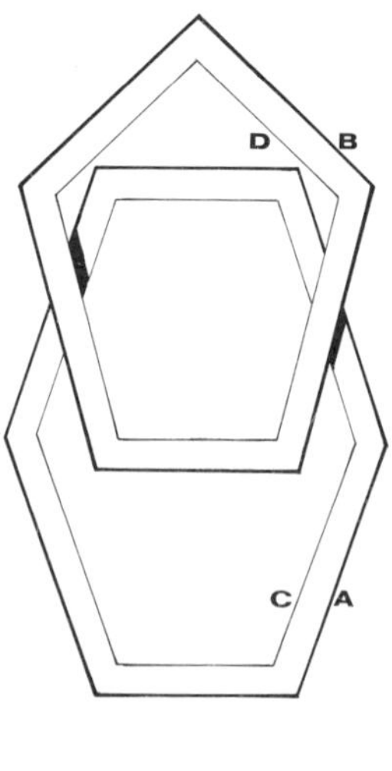

Ein Tischläufer aus langen Sechsecken

Auch für diesen Tischläufer müssen neue Schablonen nach der Zeichnung links angefertigt und für den Stoff und die Einlagen auf Papier gepaust werden. Dann überträgt man die großen Formen A und B und die kleineren Formen C und D auf starke Pappe oder PVC und schneidet sie aus.

Nach der Schablone A und B werden 13 Stücke aus Brokat in verschiedenen Farben und Mustern zugeschnitten. In gleicher Anzahl dann die Einlagen nach den Schablonen C und D aus dünnem Filz zuschneiden. Man näht nacheinander um ein Mittelstück ringsherum 6 einfarbige Teile mit drei Seiten aneinander. An beiden Schmalseiten werden dann in der Mitte das kürzere und an ihren Seiten je ein größeres Stück genäht. Dann von links leicht bügeln.

Auf eine 40 x 80 cm große Unterlage in passender Farbe wird das fertige Motiv geheftet. Dann näht man ringsherum am Rand mit kleinen Stichen die Arbeit an. Bei dieser Arbeit bleiben die Einlagen unter dem Stoff, nur die Heftfäden werden entfernt.

Am Rand werden über 3 cm Breite die Fäden ausgezogen.

Mit diesen Schablonen lassen sich auch aus buntem Baumwollstoff, Filz oder ähnlichem Material die verschiedensten, dekorativen Tischläufer anfertigen.

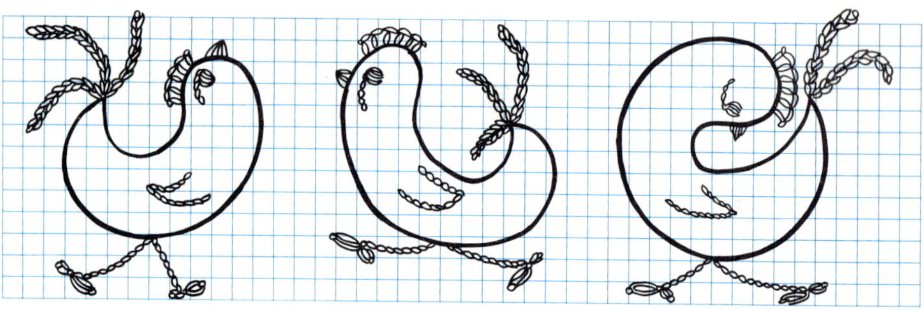

Stoffküken im Rahmen

Zuerst wird in ein vorgezeichnetes Karonetz (2 cm Linienabstand) das Bildmotiv eingezeichnet. Man paust das Ganze auf dünne Pappe oder PVC und schneidet ganz exakt auseinander. Nach jeder Schablone wird der Stoff mit 1 cm Nahtzugabe zugeschnitten, auf die Unterlage gesteckt, der Rand wird um die Pappe gelegt und mit Heftstichen angenäht. Bei Rundungen sollte man den Stoff ca. ½ cm vom Rand aus einschneiden, damit er nicht verzerrt. Nacheinander näht man von links die Teile aneinander und bügelt Vorder- und Rückseite leicht über. Heftfäden und Pappe herausnehmen.

Mit farbigem Perlgarn stickt man in Schling- oder Stielstich die kleinen Füße, Schnäbel, Augen, Kämme und Schwänze auf.
Um eine in den Rahmen passende feste Pappe spannt man den Stoff nach hinten um und näht ihn an eine Stoffplatte an.
Nun nur noch in den Rahmen legen und

hinten mit kleinen Nägeln festhalten, dann kann man dieses Stoffbild aufhängen.

Auch eine Kissenplatte kann in gleicher Arbeitsweise wie das Kükenbild nach nebenstehender Zeichnung angefertigt werden.

Auch hier wird zuerst die Zeichnung angefertigt, auf Pappe übertragen und zugeschnitten. Wie oben beschrieben, werden die einzelnen Stoffteile mit Nahtzugabe nach den Schablonen zugeschnitten und nacheinander aneinandergenäht.

Lampenschirm

aus verschiedenen farbigen Spitzenborten. Im Umfang und Höhe eines einfachen Zylinder-Lampengestells näht man mehrere Spitzen untereinander aneinander. In gewünschter Weite wird die Arbeit mit einer Längsnaht geschlossen. Dieser Schlauch wird über das Gestell gezogen und an dem oberen Ring angenäht. Eine eingekrauste Spitzenborte wird hier als Abschluß aufgesetzt.

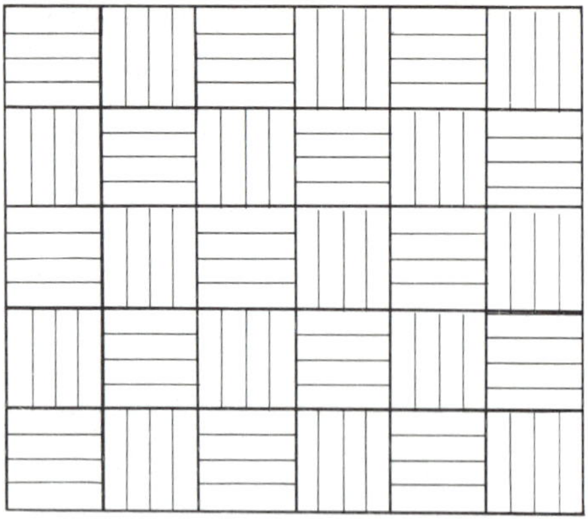

Diese Zeichnung kann Ihnen als Anregung dienen für die Herstellung einer Stoffgrafik. Sie zeigt nur die Anordnungsmöglichkeit von schmalen Streifen. Die entsprechenden Farben können Sie nach eigenem Geschmack auswählen.

Eine Staffelei im Bilde

In gleicher Arbeitsweise, wie eben bei den Küken beschrieben, werden, nachdem die Zeichnung übertragen worden ist, die Schablonen zugeschnitten. Dann wird nach innen der Stoff zugeschnitten und um die einzelnen Schablonen geheftet. Anschließend die einzelnen Teile zu einem Ganzen zusammennähen. Die Heftfäden und Schablonen herausnehmen und von beiden Seiten leicht überbügeln.

Bei diesem Motiv wurden zusätzlich kleine plastische Teile, wie ein Pinsel, eingesteckt, Kristallglassteine aufgenäht und mit Twist einige Motive aufgestickt.

Wie schon beschrieben, das Motiv auf Pappe heften und in einen passenden Rahmen legen.

Stoffgrafik

Dieser Vorschlag, bei dem die eigene Phantasie freien Lauf hat, gibt Variationsmöglichkeiten in unbegrenzter Form.

Das Material wird aus einem Deko-Musterbuch entnommen.

Für das Mittelstück setzt man zuerst schmale Streifen an den Längsseiten aneinander und bügelt von links die Nähte flach auseinander. Dieses Stück wird nun quer zu den Nähten in schmale Streifen geschnitten. In den Farben versetzt werden diese Streifen wieder aneinandergesetzt.

Um dieses fertige Mittelstück werden an alle vier Seiten schmale Streifen in verschiedenen Farben angenäht, die es so einrahmen.

Zum Schluß wird von links alles leicht gebügelt.

Das Stück wird über eine passende Pappe gespannt und in einen entsprechend großen Rahmen eingelegt.

Haus im Garten

Es kann in ähnlicher Arbeitsweise, wie auf Seite 2 beschrieben, aus vielen bunten Stoffstücken zu einem Bild genäht werden. Entweder arbeitet man nach einem eigenen Entwurf oder lehnt sich an das hier gezeigte Motiv an.

Zuerst wählt man zueinander passende Stoffstücke aus. Sie werden zurecht geschnitten und zu einem Bildmotiv auf eine 50 x 50 cm große Pappe gelegt.

Für die Unterlage des Bildes schneidet man aus dunklem Flanell, Samt oder Wollstoff ein Stück von 60 x 60 cm zu. Nun heftet und näht man mit Zickzackstich nacheinander die einzelnen Stücke auf diesen Untergrund auf, bis das ganze Bild entstanden ist. Überstehende Stoffränder schneidet man mit der Schere kurz hinter der Naht ab.

Die fertige Arbeit wird so auf die Pappe gelegt, daß die Ränder gleichmäßig über den Papprand nach hinten gebogen werden können. An einigen Stellen klebt man den Stoff auf der Vorderseite der Pappe und den umgelegten Rand auf der Rückseite an.
In gleicher Größe wie die Pappe und Nahtzugabe schneidet man ein Stück Stoff zu und näht es als Abdeckplatte der Rückseite von links an den Rand an.

Mädchen im Garten

Material: Flanell, Staubtuchstoff und Fries.

Der Untergrund, ein Kreiszuschnitt von 60 cm Durchmesser aus dunklem, festem Stoff, wird zugeschnitten. Auf ihn wird dann das Motiv mit Zickzackstich aufgenäht.
Der einzige Unterschied zu den anderen Bildvorschlägen ist, daß hier etwas plastisch

gearbeitet wird. Die Spitze an Rock und Halsausschnitt hängt locker über den schon aufgenähten Stoffteilen. Der kleine Busen des Mädchens wird etwas plastisch ausgearbeitet. Wenn das Blusenteil – bis auf den Halsausschnitt – mit Zickzackstich aufgenäht ist, schiebt man 2 kleine Wattebällchen-Teile unter und näht dann den Stoff auf dem Untergrund an.
Die fertige Arbeit um eine runde Pappe von 50 cm Durchmesser legen und ankleben. Auf der Rückseite mit einer aus Stoff zugeschnittenen Deckplatte am Rand annähen und versäubern.

Rustikaler Wandteppich

Er wird aus dickem Stoff auf einer 45 x 65 cm großen, festen Unterlage gearbeitet.
Zuerst werden aus Woll-, Frottee-, Deko-, Flanell- oder buntem Mantelstoff 5 x 12 cm große Stücke geschnitten.
Man beginnt mit dem Aufnähen dieser kleinen Stücke an der unteren Kante der Stoffunterlage. Quer und dicht nebeneinander steckt man in gleicher Höhe die schmalen Stücke auf und näht sie mit der Maschine an. Die zweite Reihe wird ca. 6 cm höher in gleicher Weise erst aufgesteckt und dann aufgesteppt. So arbeitet man weiter, bis die ganze Unterlage belegt und benäht ist. Dann werden alle unteren Kanten der Flikken ca. 5 cm hoch ausgefranst. Hierdurch wirkt der Teppich außerordentlich plastisch und rustikal.
Als oberer Abschluß wird ein 10 cm breiter Streifen quer so aufgenäht, daß man einen passenden Tonkinstab einschieben kann, an dem an beiden Seiten der Aufhängefaden befestigt wird.

Wandschmuck mit Baummotiv

Hier werden ohne Schablone bunte kleine Stoffreste zu einem ganz einfachen Motiv oder Bild aufgenäht.
Der Baum ist ohne große Schwierigkeit leicht nachzuarbeiten.
Auf einen festen Stoffuntergrund werden, ob oval, rund oder eckig, alle Stoffstücke mit der Zickzacknaht aufgenäht.
Zuerst schneidet man den Baumstamm und die Baumkrone aus, heftet sie auf den Untergrund und steppt sie am Rand an. Anschließend dann die kleinen bunten Stücke willkürlich in Form und Farbe neben- und untereinander aufheften und aufsteppen, bis die Baumkrone voll ausgefüllt ist. Dann kann man noch einige Wolken, eine halbe Sonne, einen Zaun oder ähnliches zusätzlich ausschneiden, aufheften und -steppen, bis es ein gefälliges Motiv ist.
Mit Bandschlaufen, die oben und unten an den Stoffrand in Abständen angenäht werden, wird die Arbeit über dünnen Tonkinstäben gehalten und aufgehängt.

Bunte Sets aus Baumwollstoff und Filz

Alle Vorschläge werden aus Quadraten und Dreiecken verschieden zu Ornamenten zusammengenäht.
Ein Set, aus Baumwollstoff genäht, zeigt gleich große Quadrate, die zu einem Stück zusammengenäht werden.
Beim 2. Vorschlag werden in verschiedenen Stoffmustern die Quadrate zu Dreiecken geschnitten und wieder – unterschiedlich im Stoff – zu Quadraten zusammengenäht, die dann zu einem größeren Stück von ca. 35 x 45 cm oder 35 x 35 cm Größe zusammengefügt werden.
Auf die linke Seite dieser beiden Arbeiten wird ein Stück Stoff mit breiter Randzugabe angeheftet. Der überstehende Rand der Rückseite wird an allen Seiten nach vorne (etwas eingeschlagen) umgelegt und angeheftet, dann steppt man ihn auf die Vorderseite auf.

Sets aus Filz: Auf eine 30 x 38 cm große Filzfläche werden Quadrate und Dreiecke nebeneinander mit 1/2 cm Abstand aufgeheftet und mit Zickzackstichen aufgesteppt. Aus Filz wird eine Fläche von 30 x 38 cm zugeschnitten, darauf werden aus Quadraten zugeschnittene Dreiecke ornamental aufgeheftet und an den Rändern aufgesteppt.